LES

COURS DU SOIR

DANS LE

XIVᵉ ARRONDISSEMENT

PARIS

IMPRIMERIE VICTOR GOUPY

RUE GARANCIÈRE 5

1876

LES COURS DU SOIR

Dans le XIVe arrondissement

RAPPORT

LU A LA DÉLÉGATION CANTONALE

Dans la séance du 1er février 1876.

MESSIEURS,

Par une circulaire, adressée à MM. les Maires de Paris, M. le Préfet de la Seine, sous la signature de M. le Directeur de l'enseignement primaire, a porté à la connaissance des diverses délégations cantonales un projet de réorganisation des cours du soir.

Ce haut fonctionnaire a de plus invité les délégations à examiner le projet mûrement et dans le détail, à produire leurs observations et à formuler d'une manière précise leur avis et leurs propositions.

A l'effet de répondre à l'invitation de M. le Préfet, la délégation cantonale du XIVe arrondissement a nommé, dans sa séance du 11 janvier dernier, une commission chargée d'étudier les questions posées et de vous présenter un rapport, suivi de conclusions.

La commission, composée de trois membres, MM. Legand, Gille et Decaux, a désigné celui-ci comme secrétaire rapporteur.

Très-honoré de la mission que m'ont confiée mes bons et dignes collègues, je viens, aujourd'hui, vous soumettre le rapport préparé en leur nom. Je me suis efforcé de vous apporter un travail sérieux, digne de vous. Si je n'ai pas réussi selon mes désirs, vous daignerez m'excuser en vous rappelant que je n'ai eu qu'un très-bref délai pour voir, entendre, méditer et écrire.

"

Les principales propositions du projet de réorganisation, qui vous est soumis, peuvent être résumées ainsi :

1° Réduire le nombre des cours du soir, si ces cours sont trop rapprochés les uns des autres ;

2° Augmenter, dans les cours maintenus, le nombre des classes à l'effet de graduer les élèves, comme dans les écoles du jour, selon leur degré d'instruction ;

3° Séparer les enfants des adultes, partout où ce sera possible ;

4° Réduire la durée des cours de dix mois à sept ;

5° Établir un certificat d'études, spécial aux cours du soir ;

6° Créer, au-dessus des cours supérieurs, des classes de perfectionnement ;

7° En ce qui touche la rémunération des professeurs, substituer un traitement fixe au traitement mixte, aujourd'hui en vigueur.

Avant d'entrer dans l'examen de ces diverses questions, il est indispensable de vous fournir quelques renseignements statistiques sur l'état actuel des cours du soir dans le XIVᵉ arrondissement. Les chiffres devront nécessairement éclairer vos délibérations et servir de base à vos décisions.

En ce moment, à l'exception de l'école des garçons, rue de la Tombe-Issoire, toutes les écoles municipales du XIVᵉ arrondissement ont des cours du soir ; ces cours sont donc au nombre de onze, à savoir un dans cinq écoles de garçons et un dans chacune des six écoles de filles.

Statistiques des cours du soir de garçons.

I

NOMBRE DES ÉLÈVES INSCRITS.

Boulevard Arago.	54
Boulevard Montparnassse	90
Rue Boulard.	125
Rue d'Alésia	160
Rue Ducange.	160
Au total.	589

II

MOYENNE DES PRÉSENCES.

Boulevard Arago.	39
Boulevard Montparnasse.	51
Rue d'Alésia	59
Rue Boulard	75
Rue Ducange.	100
Au total.	324

III

AGE DES ÉLÈVES.

Boulevard Arago. — Tous les élèves sont âgés de moins de 16 ans ;

Rue d'Alésia. — 120 élèves ont moins de 16 ans ; 40 ont dépassé cet âge ;

Boulevard Montparnasse. — 30 au-dessous de 16 ans ; 60 au-dessus ;

Rue Ducange. — Moitié au-dessous, moitié au-dessus de 16 ans ;

Rue Boulard. — 100 au-dessous de 16 ans, 25 au-dessus.

IV

NOMBRE DE CLASSES.

Dans les trois cours du boulevard Arago, du boulevard Montparnasse et de la rue d'Alésia, il n'y a pour tous les élèves du soir, aussi bien pour ceux qui sont âgés de moins de 16 ans que pour ceux qui ont dépassé cet âge, aussi bien pour ceux qui ne savent pas lire que pour ceux qui ont conquis le certificat d'études des écoles du jour, qu'une seule classe, tenue par un seul maître, le Directeur.

Rue Ducange, les élèves sont divisés en deux classes ; la première, comprenant le cours moyen et le cours supérieur, est tenue par le Directeur ; la seconde, comprenant le cours élémentaire, est tenue par un adjoint.

Rue Boulard, les élèves sont partagés en trois classes, correspondant à chacun des trois cours, tenues chacune par un frère.

Statistiques des cours du soir de filles.

I

NOMBRE DES ÉLÈVES INSCRITES.

Boulevard Arago.	30
Rue de la Tombe-Issoire.	58
Rue d'Alésia.	64
Rue Delambre	90
Rue des Croisades	123
Place de la Mairie.	150
Au total.	515

II

MOYENNE DES PRÉSENCES.

Boulevard Arago.	23
Rue de la Tombe-Issoire.	40
Rue d'Alésia	53
Rue Delambre	55
Rue des Croisades	98
Place de la Mairie	85
Au total.	354

III

AGE DES ÉLÈVES.

Boulevard Arago. — 10 au-dessous de 16 ans, 20 au-dessus ;

Rue d'Alésia. — 30 au-dessous de 16 ans, 34 au-dessus ;

Rue de la Tombe-Issoire. — 45 au-dessous de 16 ans, 15 au-dessus ;

Rue Delambre. — 44 au-dessous de 16 ans, 46 au-dessus ;

Rue des Croisades. — Moitié au-dessous, moitié au-dessus de 16 ans ;

Place de la Mairie. — 130 au-dessous de 16 ans ; 20 au-dessus.

IV

NOMBRE DE CLASSES.

Dans trois cours, ceux du boulevard Arago, de la rue d'Alésia et de la rue Delambre, quels que soient leur âge et leur degré d'instruction, les élèves sont toutes dans une même classe, tenue par une seule maîtresse, la directrice de l'école.

Rue de la Tombe-Issoire, rue des Croisades et place de la Mairie, les élèves sont partagées en deux classes, la première comprenant le cours supérieur et le cours moyen, la seconde comprenant le cours élémentaire. Deux et trois sœurs sont affectées au service de ces deux classes.

Les renseignements statistiques étant donnés, nous aborderons maintenant, Messieurs, si vous voulez bien le permettre, les diverses questions mises à l'étude.

I

Réduire le nombre des cours du soir, si ces cours sont trop rappro-
chés les uns des autres.

La proposition de réduire le nombre des cours trop rapprochés est sage en elle-même. Toutefois, elle ne demeurera juste que si, dans l'application, on apporte une grande mesure, une scrupuleuse réserve ; que si l'on n'oublie pas surtout que les règles d'exécution ne sauraient être les mêmes dans les arrondissements du centre de Paris et ceux de la périphérie.

Pour apprécier si les cours sont trop rapprochés les uns des autres, trois choses essentielles devront être prises en considérations et mûrement pesées :

1° La longueur du trajet que les élèves auront à faire pour se rendre au cours ;

2° La nature des quartiers qu'ils auront à parcourir ;

3° L'âge et le sexe des élèves composant la population du cours.

Nous ne craignons pas de l'énoncer, le trajet, pour se rendre à la classe, doit être court, aussi court que possible; la classe devrait, en quelque sorte, se trouver à la porte de l'élève, appelé à la fréquenter.

Comment, en effet, se passent les choses dans la vie quotidienne.

L'apprenti, l'ouvrier terminent leur travail manuel, quelquefois à six heures, souvent à sept heures. Quels que soient leur zèle, leur bonne volonté, ils sont sans cesse retenus, retardés par leur patron. Rendus à la liberté, ils accourent au plus vite à la maison de famille, souvent éloignée, très-éloignée.

Là, ils doivent essuyer la fatigue. nettoyer le corps, précipiter le repas du soir, puis, en toute hâte, reprendre et franchir le chemin de l'école.

Pour vaquer à tant de choses, ils ont rarement deux heures; à l'ordinaire, ils en ont à peine une.

On voit par là combien il importe que la distance de la maison de famille à la classe du soir soit courte; car, si elle est grande, elle va parler; elle va crier à l'apprenti, à l'adulte même, fatigué sinon paresseux : le chemin est long, le ciel est pluvieux, le temps est froid ; reste et repose-toi.

Il n'y a qu'un moyen d'imposer silence à ce langage, hélas trop naturel : que le trajet soit court !

Qu'il soit court, surtout dans les quartiers excentriques, notamment dans ceux du XIVe arrondissement, où les boulevards déserts et les chemins boueux ne sont pas inconnus. Car si l'élève, pour se rendre à la classe du soir, est obligé, durant 15 à 25 minutes, de traverser des solitudes et des fondrières, soyez certains, par avance, que sa bonne volonté et son courage, si généreux qu'ils soient, ne tiendront pas ; inexact d'abord, il sera bientôt déserteur.

Déserteur! Quoi de surprenant, si non-seulement le chemin est long et mauvais mais si encore il expose trop l'élève à de fâcheuses rencontres ? Le soir, par la nuit sombre, quelle est la jeune fille, timide et craintive, parce qu'elle est sage et laborieuse, qui sera disposée à franchir ce chemin ? Elle y renoncera. Sa mère, qui faute de temps, n'aura même plus la ressource de la conduire et d'aller la chercher, renoncera bien davantage encore à la laisser partir.

Aussi, Messieurs, pénétrée de ces considérations, votre commission, à l'unanimité, n'hésite pas à penser que, dans notre XIVe arrondissement, tous les cours du soir établis doivent être maintenus et que pas un seul ne doit être supprimé.

Quelques-uns de ces cours, il est vrai, comptent peu d'élèves en ce moment. Mais, mieux que personne, vous le savez, ces cours ne sont pas de fondation ancienne. Ils sont installés dans des quartiers nouveaux, à peine bâtis. Avec le temps, ces quartiers se construiront et se peupleront. Les cours alors obtiendront une assiette et un développement que déjà d'ailleurs on peut entrevoir. Dès maintenant, chaque année, ils prennent de l'essor. Ce n'est pas au moment où ils commencent à donner signe de vie qu'il faut leur porter le coup de mort. On veut les perfectionner; on a raison; ils en ont besoin. Mais réduire, supprimer, ce n'est pas perfectionner, c'est tuer. Ne reculons pas, avançons; avançons en conservant, en améliorant ce qui est, en créant ce qui n'est pas; c'est le progrès véritable dont nous allons maintenant chercher la réalisation.

II

Augmenter, dans les cours maintenus, le nombre des classes à l'effet de graduer les élèves, comme dans les écoles du jour, selon leur degré d'instruction.

Les élèves, qui fréquentent les cours du soir, peuvent être divisés en quatre catégories principales :

La première comprenant ceux qui ne savent ni lire ni écrire;

La seconde groupant ceux qui ont acquis les premières notions de lecture et d'écriture;

La troisième formée de ceux qui commencent à suivre la dictée;

La quatrième composée des élèves plus avancés ou munis du certificat d'études, qui viennent au cours pour ne pas oublier ou pour perfectionner ce qu'ils ont appris; pour donner à leur soirée un emploi honnête et utile; pour fuir le mal et respirer le bien.

Les instituteurs, placés à la tête de classes renfermant des élèves de trois et quatre forces différentes, se trouvent évidemment dans une situation difficile et pénible. Malgré eux, ils sont amenés, les uns à s'occuper davantage des plus faibles, les autres à s'occuper des plus forts; ceux-ci ou ceux-là à tâcher de diriger leur classe d'après la force moyenne de leurs élèves.

Il y a, dans cette situation, d'incontestables souffrances. Les élèves, quelle que soit leur force, ne sont pas assez suivis et soutenus; ils ne font pas assez de progrès; ils s'aperçoivent que leur classe est imparfaite et sont portés à l'abandonner.

Et cependant, nous l'avons dit, nous le répétons, mieux vaut cette classe imparfaite qu'une classe impossible; mieux vaut cette classe imparfaite qui est rapprochée et que l'élève peut suivre, qu'une classe mieux graduée peut-être mais qui serait trop éloignée et que l'élève ne pourrait fréquenter.

Votre commission, messieurs, n'est pas difficile; pour le XIVe arrondissement, elle ne demande que ce qu'il y a de mieux.

Dans ce but, elle propose, non-seulement de maintenir tous les cours établis, ainsi que déjà nous l'avons dit, mais aussi de conserver, dans chacun de ces cours, le cours élémentaire et le cours moyen.

Elle propose, en outre, au fur et mesure que le nombre des élèves l'exigera et que les ressources le permettront, d'établir une classe distincte pour chacun de ces cours élémentaire et moyen, à l'instar de ce qui existe déjà dans plusieurs écoles.

Elle propose, enfin, d'instituer, soit pour les garçons, soit pour les filles adultes, un ou plusieurs cours supérieurs, selon les besoins, dans les centres où les élèves pourront le plus facilement se grouper.

Aujourd'hui, ces élèves, peu nombreux, sont disséminés, perdus, dans des cours qui, en général, ne sont pas faits spécialement pour eux ; qui ne leur offrent qu'un faible intérêt et dont ils ne tirent qu'un médiocre profit. On peut espérer qu'ils suivront les leçons en plus grand nombre et avec plus de régularité lorsque l'enseignement, exclusivement donné pour eux, devra leur être plus utile.

A vrai dire, la transplantation des élèves d'un cours à un autre présente de réelles difficultés, de graves inconvénients. Les enfants, nous le disons à leur honneur, aiment leur école et leurs maîtres. Ils auront certainement de la peine à s'éloigner des lieux, témoins de leurs premières études ; à se séparer des maîtres qui ont acquis sur eux l'autorité de l'affection et des services rendus.

Aussi, la transplantation doit être aussi restreinte que possible. Nous ne l'admettrions pas pour les élèves des cours élémentaire et moyen ; puisqu'il le faut, nous l'accepterons, à l'essai, pour les élèves des cours supérieurs, dans l'espérance que ces élèves, plus avancés en âge, plus instruits, plus avides de progrès, sauront prouver que la mesure a été prise dans leur plus grand intérêt.

Enfin, pour multiplier les moyens d'attraction vers les cours du soir, il en est un encore que signalent des personnes très-expérimentées en la matière.

Dans leur opinion, il serait désirable que les élèves de tout degré des cours du soir pussent recevoir gratuitement l'ensemble des fournitures scolaires.

Parmi les membres de votre commission, Messieurs, tous ne partagent pas la doctrine accordant gratuitement les fournitures scolaires à l'ensemble des élèves, sans distinction de ressources et de condition.

Toutefois, la majorité de la commission, désireuse de témoigner sa haute estime pour les cours du soir et d'ajouter aux avantages

qu'ils présentent, émet le vœu que les élèves du soir, comme ceux
du jour, reçoivent gratuitement toutes les fournitures nécessaires
à leur travail.

III

Séparer les enfants des adultes, partout où la séparation serait
possible.

Cette séparation, en effet, serait très-désirable. A un double
point de vue, elle serait excellente.

D'une part, elle aurait l'avantage, sinon de prévenir, au moins
de diminuer des contacts, souvent pernicieux.

D'autre part, elle éviterait aux adultes un mélange avec les enfants qui ne leur est pas agréable. Ceux-ci sont légers, turbulents,
sans pitié. Ils gênent, ils ennuient les adultes plus laborieux et
plus posés. Lorsqu'un homme mûr laisse échapper une réponse
malheureuse, l'enfant l'a bien vite relevée et jugée ; bien vite, par
un sourire, un geste, une exclamation, il a traduit l'ironie ou le
dédain. L'homme mûr alors se trouble, se décourage et s'éloigne.

La séparation des enfants et des adultes atténuerait assurément
ces graves inconvénients.

Mais est-elle praticable ? Nous ne le croyons pas.

A l'instant, au paragraphe précédent, nous venons d'exposer
que, dans l'organisation des cours du soir, il importait d'effectuer
le classement des élèves d'après leur degré d'instruction. A ce premier classement en ajouter un second d'après leur âge, ce serait,
avec des éléments très-restreints, multiplier les divisions à l'excès.
Ce serait, sans compensation suffisante, multiplier les classes, les
maîtres et les dépenses. En attendant que le classement des élèves
d'après leur âge soit praticable, il faut se borner, en ce moment,
au classement préférable et plus urgent d'après leur degré d'instruction.

Dès maintenant, d'ailleurs, il est un mode de classement des
élèves d'après leur âge que tout maître peut facilement appliquer.

Dans une classe où se trouvent ensemble enfants et adultes, les
instituteurs, beaucoup ont déjà cette recommandable habitude,
peuvent affecter aux enfants certains bancs, les plus rapprochés
d'eux, ceux où ils peuvent davantage exercer la surveillance et la
discipline ; et réserver les bancs les plus éloignés aux adultes qui,
retirés et tranquilles, peuvent travailler à leur aise, à l'abri de la
gêne et de la tourmente des enfants.

IV

Réduire la durée des cours de dix à sept mois.

La réduction proposée, regrettable sans doute à certains points de vue, est imposée par les élèves qui, durant la saison d'été, ne fréquentent pas les cours ou les suivent si peu que, durant cette saison, l'enseignement, à vrai dire, n'existe pas.

Cette réduction sera un allègement pour les instituteurs qui ont porté le poids du jour et qui ploient sous le fardeau du soir.

Elle aura pour effet, on peut l'espérer, en rendant les cours plus rares, d'ajouter à leur valeur; *assueta vilescunt*. Il ne semblerait pas cependant, si elle est nécessaire dans une certaine mesure, qu'elle dût être excessive.

A raison des absences nombreuses, forcées, que font beaucoup d'élèves, les cours, réduits à sept mois, seront, en réalité, réduits à cinq et six mois. Peut-être il serait opportun de réserver pour l'étude au moins les deux tiers de l'année, c'est-à-dire huit mois, surtout en se rappelant la création projetée, dont il est mention dans le paragraphe qui suit ?

V

Etablir un certificat d'études, spécial aux cours du soir.

De l'avis de tous, l'institution de ce certificat, accompagné quelquefois de livrets de caisse d'épargne, sera précieuse. L'espérance d'un diplôme attirera et retiendra les élèves; elle sera un stimulant à l'exactitude, au travail, à la persévérance. Le certificat sera le témoin des efforts faits, la récompense des résultats obtenus.

De l'avis de tous aussi, le programme, pour l'obtention du certificat des cours du soir, devra être d'un ordre plus facile que le programme pour l'obtention du certificat des écoles du jour.

En effet, chaque jour, les élèves du matin ont six heures de classe; les élèves du soir n'en auront que deux, souvent réduites, quelquefois complètement supprimées.

La durée des classes du jour est de dix mois ; celle des classes du soir sera de sept mois, de huit au maximum.

Aux séances de travail, les élèves du jour apportent des forces fraîches et reposées; les élèves du soir, bien malgré eux, n'apportent que des forces fatiguées et endormies.

Aux époques de temps trop mauvais, de travail excessif ou de service militaire, les élèves du soir subiront forcément des interruptions d'études.

Ces interruptions dureront quelquefois plusieurs mois, quelquefois plusieurs années.

Dans de telles conditions, si l'on veut engager les élèves du soir à conquérir un certificat d'études, il importe de leur dessiner une tâche qui ne soit pas trop difficile.

Le programme d'examen pour l'obtention de ce certificat semblerait, au moins dans l'état actuel des choses, appeler comme base le programme du cours moyen des écoles du jour. Il devrait ainsi comprendre :

La lecture;

L'écriture;

La grammaire;

La rédaction;

Des notions très-élémentaires d'arithmétique, d'histoire de France et de géographie.

Il devrait comprendre encore, comme pour le certificat des écoles du jour, les connaissances fondamentales de la doctrine chrétienne. Les cours du soir ont été institués pour moraliser et instruire les ouvriers; l'instruction religieuse est la base première de tout moyen de moralisation et d'instruction.

Enfin, non-seulement le programme d'études devra être simple, mais l'examen, au jour de l'épreuve, devra être facile. Les juges devront peser, moins ce que l'élève sait, que ce qu'il peut savoir. L'indulgence, la bienveillance devront être partout les mêmes. Autrement on arriverait à des résultats pénibles. Des élèves, qui auraient été parfaitement enseignés par d'excellents maîtres et qui auraient fort bien profité des bonnes leçons qu'ils auraient reçues, se trouveraient distancés, écrasés par d'autres qui n'auraient pas reçu de meilleurs leçons et qui n'en auraient pas profité davantage.

VI

Créer, au-dessus des cours supérieurs, des classes de perfectionnement.

D'après le programme, esquissé dans le remarquable mémoire de M. le Directeur de l'enseignement primaire, les classes de perfectionnement porteraient notamment sur les notions d'arithmétique appliquée à la comptabilité; de sciences physiques et d'histoire naturelle se rattachant aux usages de la vie; d'hygiène, d'industrie et de commerce, etc.; ces connaissances diverses deviendraient l'objet d'un examen complémentaire pour les adultes, déjà pourvus du certificat d'études.

Aujourd'hui, dans beaucoup d'arrondissements, et le XIVe sans doute, est de ce nombre, les élèves manquent, ou à peu près, aux cours supérieurs; à plus forte raison, ils manqueraient aux classes de perfectionnement.

Aura-t-on jamais les élèves qui feraient défaut en ce moment? Les classes, que l'on entrevoit, seront-elles jamais d'une grande application, surtout pour les filles?

C'est le secret de l'avenir.

Quoi qu'il en soit, le travail premier de l'heure présente, si l'on désire préparer des classes de perfectionnement, c'est de commencer et de poursuivre, à l'usage, soit des garçons, soit des filles, l'organisation sérieuse des cours supérieurs d'adultes, ainsi que déjà nous l'avons indiqué plus haut.

VII

En ce qui concerne la rémunération des professeurs, substituer un traitement fixe au traitement mixte, actuellement en vigueur.

Aujourd'hui, la rétribution des maîtres, préposés aux cours du soir, est ainsi réglée :

Lorsque, dans un cours, la moyenne des élèves présents est inférieure à 60, ces élèves sont groupés dans une même classe, dirigée par un seul maître.

Ce maître, quel qu'il soit, reçoit un traitement, partie fixe, partie proportionnel.

A titre de traitement fixe, il touche 75 fr. par trimestre, 300 fr. par an.

A titre de traitement proportionnel, il perçoit, par élève, 1 fr. 25 par trimestre, 5 fr. par an.

Si, au contraire, dans un cours, la moyenne des élèves présents est supérieure à 60, alors les élèves sont divisés en deux ou trois classes, tenues chacune par un maître différent.

La rétribution, dans ce cas, a lieu d'après les règles ci-après :

Le Directeur du Cours, préposé à la première classe, reçoit un traitement fixe de 300 fr. par an.

En outre, il partage avec les maîtres adjoints, chargés des seconde et troisième classes, le produit du traitement proportionnel, plus ou moins fort selon que le nombre des élèves est plus ou moins important ; et alors le traitement éventuel, par élève, n'est pas de cinq, mais de 10 fr. par an.

Dans les arrondissements du centre de Paris, ce mode de rémunération des maîtres leur est parfois avantageux.

Mais le plus souvent, surtout dans les arrondissements de la ceinture, il ne les indemnise pas suffisamment de leurs soins et de leurs peines.

Nous ne parlerons pas de tel adjoint qui, pour deux heures de leçons durant un trimestre entier, aurait touché la rétribution illusoire de 42 fr. ; il nous suffira de rappeler que, continuellement, des Directeurs qui donnent cent vingt heures de leçons par trimestre, reçoivent pour ce trimestre la modique somme de 120 fr., à savoir 1 fr. par heure de leçon.

Et cependant, ces Directeurs, bien plus forts que César, doivent savoir faire quatre choses à la fois : faire épeler celui-ci, lire celui-là, ici corriger une rédaction, là démontrer un problème. Réduits à de véritables mouvements de voltige, ils doivent sauter du grand tableau à la petite ardoise, du syllabaire à l'atlas des mondes.

Réveiller le souvenir de cette situation, c'est démontrer qu'un instituteur qui tient quatre classes en une, peu nombreuse cependant, fournit une tâche aussi laborieuse que celle du maître qui, dans une même classe, enseigne un plus grand nombre d'élèves, appartenant à un même cours, élémentaire ou moyen.

Le traitement de l'un et de l'autre doit donc être le même, quel que soit le nombre des élèves. Pour tous deux, il doit être fixe et assez élevé afin d'être un hommage convenable à la mission confiée, une rémunération suffisante des fatigues subies, une reconnaissance réelle des services rendus. Il semblerait pouvoir être fixé à six, sept et huit cents francs, selon le nombre et le mérite des années de labeurs.

Messieurs, j'ai rempli ma tâche. Conformément au désir exprimé par M. le Préfet, il ne me reste plus qu'à résumer, en termes précis, les conclusions de votre commission.

Au préalable, permettez encore quelques dernières considérations.

L'ère des cours du soir, si elle doit finir, n'est pas encore terminée.

Assurément, depuis un certain nombre d'années, l'instruction primaire, en France, à Paris surtout, a fait de considérables progrès.

Mais il y a encore, longtemps encore il y aura des enfants qui, par les causes les plus multiples, n'ont et n'auront pas profité des écoles du jour qui leur étaient ouvertes.

A ces retardataires de l'instruction primaire, dans la mesure où il dépend de nous, conservons-leur la précieuse ressource des cours du soir, des cours du soir faciles et complets.

Conservons ces cours, sans trop compter avec le nombre des élèves ; car souvent la classe la moins nombreuse est celle qui porte le plus de fruit intellectuel et moral ; sans compter à l'excès avec la dépense ; car, dans la patrie, comme dans la famille, il y a des enfants qui imposent plus d'efforts que d'autres ; le père, dans sa générosité, ne compte pas avec le sacrifice ; et il a bien raison ; car souvent, c'est là où il y a le plus de peine qu'il y a le plus de mérite et de récompense.

Conservons, favorisons de notre mieux les cours du soir ; car si quelquefois le temps de ces cours est pris sur le repos légitime et les délassements honnêtes, le plus souvent il est pris sur les compagnies malsaines et les plaisirs pervers.

Conservons-les enfin comme un moyen de plus de prouver notre affection et notre dévoûment aux classes populaires ; comme un moyen de plus de servir Dieu et la patrie.

CONCLUSIONS.

I

Maintenir, dans le XIV° arrondissement, sans en supprimer aucun, tous les cours du soir, actuellement établis.

II

Conserver, dans chacun de ces cours, le cours élémentaire et le cours moyen.

Au fur et mesure que le nombre des élèves l'exigera et que les ressources le permettront, affecter une classe spéciale, dirigée chacune par un maître, à chacun de ces cours élémentaires et moyen.

Instituer, dans l'arrondissement, soit pour les garçons, soit pour les filles adultes, selon les besoins, un ou deux cours supérieurs, placés dans des centres où ils pourront davantage grouper les élèves appelés à les suivre.

III

Lorsque ce sera possible et nécessaire, adopter le classement des élèves, non-seulement d'après leur degré d'instruction, mais aussi d'après leur âge, à l'effet de séparer les enfants des adultes.

IV

Réduire la durée des cours à sept mois, au maximum à huit.

V

Établir un certificat d'études, spécial aux cours d'adultes, en adoptant comme base du programme, celui du cours moyen des écoles du jour.

VI

Lorsque les élèves seront en nombre suffisant, créer au-dessus des cours supérieurs des classes de perfectionnement.

VII

Substituer au traitement mixte des professeurs, aujourd'hui en vigueur, un traitement fixe qui serait porté à six, à sept et à huit cents francs.

Le délégué cantonal secrétaire rapporteur.

PAUL DECAUX.

PARIS. — IMP. VICTOR GOUPY, 5, RUE GARANCIÈRE.